Ich glaube, dass die Liebe etwas ist,

das gemeinsame Bande und eine gemeinsame

Geschichte schafft, dass nichts euch so aneinander

bindet wie das, was ihr miteinander erlitten,

erlebt, geliebt und erfahren habt.

Louis Evely

Günter Riediger

Zwei, die zusammen wachsen

GEMEINSAM
DURCH DIE JAHRE

Agentur des Rauhen Hauses Hamburg

Einzig die Liebe zählt.
Eheleute, die seit vielen Jahren
gemeinsam leben und sich lieben,
in frohen und schweren Stunden,
von der grünen über die silberne
bis zur goldenen Hochzeit und
darüber hinaus, die wissen genau:
Was zählt, ist Liebe. Sie wachsen
zusammen. Ein Paar. Davon erzählt
dieses Buch. Es ist ihnen gewidmet.
Die Fotos und Geschichten, die Berichte
und Spruchweisheiten, die Gedichte und
humorvollen Texte sollen ihnen Freude machen.

Einzig die Liebe zählt.
Sie ist gütig, geduldig.
Sie ist nicht großspurig und spielt
sich nicht auf. Liebe sucht nicht
den eigenen Vorteil. Liebe freut sich
über alle Wahrheit und Gerechtigkeit.
Sie setzt sich ein für Arme und
Unterdrückte. Liebe gibt nicht auf:
Alles erträgt sie mit großer Geduld.
Nun aber bleiben Glaube, Hoffnung,
Liebe, diese drei; aber die Liebe ist
die größte unter ihnen.

NACH 1. KORINTHER 13

*Ein Blatt aus sommerlichen Tagen,
ich nahm es so im Wandern mit,
auf dass es einst mir möge sagen,
wie laut die Nachtigall geschlagen,
wie grün der Wald, den ich durchschritt.*

THEODOR STORM

Neue Chancen, auch in späten Jahren

Wenn die Tage kürzer werden,
wenn die tiefer stehende Sonne lange Schatten wirft,
dann schmückt der Herbst die Wälder in allen Farben,
lässt die Blätter glitzern und tanzen:
bunte Fülle des Lebens.

Alte Bäume wurzeln tief in der Erde.
Sie haben Jahrzehnte überdauert
und manchem Sturm getrotzt.
Jetzt leuchten sie in den schönsten Farben,
die nur der Herbst schenken kann.
Und im nächsten Jahr
bringen sie wieder
frische Triebe hervor.

Spieglein, Spieglein an der Wand

»Die Runzeln werden mehr, früher hatte ich sie nur an den Augen. Meine Haut wird faltiger, bald bekomme ich ein ausgezehrtes Gesicht. Die kahlen Stellen im Haar habe ich schon lange –.« Die Frau vor dem Spiegel zuckt die Achseln, sagt laut vor sich hin und wiederholt es nochmals, um es sich einzuprägen: »Ich werde alt!« »Das gibt es doch nicht!« Ihre Tochter hat den letzten Satz mitbekommen. »Wenn ich dich höre, könnte man glauben, du springst freiwillig dem Totengräber auf die Schippe. Dabei hast du für dein Alter …« »Also stimmt es doch!« resigniert die Mutter. »… für deine 68 Jahre siehst du gut aus. Du trägst keinen angefutterten Airbag mit dir herum und ziehst auch keine quergestreiften Pullis drüber wie unsere Nachbarin, die nur mit Mühe die Treppe hochkommt!« »Hör auf!« »Ich bin noch nicht fertig. Schau dir deine Beine an, die möchte ich gern haben, aber ich hab' Papas Stempel geerbt! Neulich hat Papa zu mir gesagt: ›Deine Mutter hat eine ganz passable Figur, da kann ich als Mann sehr zufrieden sein; Geschmack hat sie auch. Mein Weib!‹. Dabei hat er leicht in sich hinein gelächelt.«

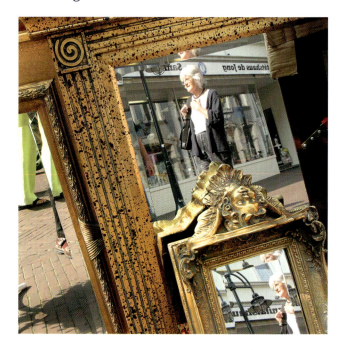

»Ach nein, mein Mann hat das zu dir gesagt – interessant! Wo steckt der eigentlich?« »Das weißt du doch, Mutter. Natürlich an seinem PC. Sei froh darüber, manche Rentner fallen ihren Frauen gehörig auf den Wecker. Unser Papa kommt mit seinem Computerhobby gut zurecht.«

In diesem Moment läutet das Telefon. Die Tochter nimmt ab, reicht den Hörer weiter: »Für dich!« Eine junge Schwester von der häuslichen Krankenpflege der Gemeinde fragt an, ob die Mutter den Spätdienst übernehmen könne: »Es kommt etwas plötzlich, aber ich kann mein krankes Töchterchen nicht allein lassen, Sie wissen schon … Und ich weiß, dass Sie noch gelegentlich Aushilfe machen …« Aufmunternd nickt die Tochter ihrer Mutter zu. »Einverstanden! Wenn es brennt, springe ich gern ein. Gute Besserung für Ihre Kleine!«

»Noch etwas! Der alte Mann in der Friedrichstraße wird immer schwieriger, manchmal ist er direkt aggressiv. Aber für Sie ist das sicher kein Problem, bei Ihrer Erfahrung! Und vielen Dank!«

Als die Krankenschwester einhängt, freut sich die Tochter: »Siehst du, Mutter! Du gehörst nicht zum alten Eisen. Du wirst gebraucht, bei der Krankenpflege und in der Kirchengemeinde! Was wären die ohne dich? Und schließlich brauchen wir dich auch! – Jetzt zu uns! Bis zum Dienst hast du noch eine gute Stunde Zeit. Wir wollten für Vaters Geburtstag noch etwas aussuchen. Komm mit in die Stadt, Mama!«

In der Fußgängerzone sind Bauarbeiten. An einer Stelle kann man nur hintereinander auf einem schmalen Gang zwischen Hauswänden und aufgerissenen Gräben passieren. Ein junger Mann drängt sich noch schnell an den beiden vorbei. Die Mutter wird ärgerlich: »He, nicht so eilig! Können sie eine alte Frau nicht vorlassen?« Der junge Mann wendet sich um, ein Blick zu den Frauen: »Entschuldigung, soll nicht mehr vorkommen, aber – wo ist die alte Frau …?« Hellauf lacht die Tochter los, nimmt ihre Mutter von hinten in den Arm: »Klasse, der Typ!«

Zweihundertundneunzehntausend Stunden

Wir freuen uns über zweihundertundneunzehntausend Stunden,
die wir beide, du und ich, gemeinsam erlebt haben.
Nein, wir haben nicht die meiste Zeit verschlafen –
aber wir schlafen gern zusammen.

Wir freuen uns auch über manche Stunden, die wir gestritten haben.
Im Nachhinein erkennen wir, dass es nötig war,
und sind dankbar dafür, dass wir immer wieder
zueinander gefunden haben.

Wir freuen uns über die vielen Stunden mit unseren Kindern.
Die Mühen und die Sorgen haben sich gelohnt.
Jetzt sind sie herangewachsen und gehen eigene Wege.
Gott mit ihnen!

Wir freuen uns über gemeinsame fröhliche Stunden
im Urlaub, in den Bergen und an der See,
auch über die Stunden mit unseren Freunden:
Sie helfen und packen mit an, wenn es notwendig ist.

Wir freuen uns über zweihundertundneunzehntausend Stunden,
über 9125 gemeinsame Tage, und das sind genau
fünfundzwanzig Jahre – du und ich:

Wir feiern Silberhochzeit!

Genieße das Leben mit der Frau, die du liebst, alle Tage, alle Jahre.
Gott hat sie dir anvertraut: Euer Leben sei ein Fest! –
Iss freudig dein Brot, trink deinen Wein und sei fröhlich!
Gott lächelt dazu.
NACH DEM BUCH PREDIGER / KOHELET, FREI ÜBERSETZT

Von den kleinen Freuden

Einige sagen:
Wenn du älter wirst,
werden deine Lebenskreise enger
und die Horizonte kleiner. Das ist eben so.
Ob du willst oder nicht –
du musst auf manches verzichten!

Völlig einseitig!
Wenn du älter wirst,
hast du neue Chancen:

Anders leben –
genieße die Tage!
Freu dich über die Stunde
am Morgen, ohne Hetze!
Über den Weg durch den Park:
das erste frische Grün.

Der Abschied

Jeder hat ihn schon einmal laufen sehen, mit kurzen Schritten, aber flink! Nein, kein Jogger. Er läuft von seiner Wohnung zur Kirche, jeden Morgen zwei Kilometer. Walter S. ist der Küster der Gemeinde, und das schon 24 Jahre. Mit 61 musste er in Rente gehen; da er sich noch rüstig fühlte und auch seine Frau einverstanden war, hat er einen »Schnellkurs« als Küster gemacht. Seitdem läuft er bei Wind und Wetter, bei großer Hitze, in strömendem Regen genauso wie bei eisiger Kälte, morgens zu *seiner* Kirche. In den ersten Jahren hat er sich noch auf das Fahrrad geschwungen und seine beste Zeit gestoppt; später musste er das aufgeben. Seitdem läuft er.

Schon viele haben ihm zugeredet: »Du bist bald 85 Jahre, wahrscheinlich der dienstälteste Küster in der ganzen Kirche. Hör auf damit!« »Was soll ich zu Hause?« entgegnet er. »Den ganzen Tag aus dem Fenster oder in die Glotze gucken? Da mache ich lieber Küsterdienst, auch wenn der Rücken mich plagt. Solange ich das schaffe.« Ein Küster, der die Nebentätigkeit zur Hauptbeschäftigung macht, zahlt sich für die Gemeinde aus: Seit seinem Dienstantritt sind die Kosten für den Blumenschmuck rapide gesunken. Er war immer schon Hobbygärtner gewesen, und vor 24 Jahren hat er seinen Schrebergarten umfunktioniert zum reinen Blumengarten. Eine wahre Pracht! Die Blumen sind für die Kirche. Seine Frau, sie hat das richtige Händchen dafür, hilft ihm beim Schmücken. Blumenzüchten ist auch jetzt noch sein Ehrgeiz: »Für den Herrgott ist das Beste gerade gut genug. Manche Leute passen genau auf und sagen mir hinterher, letzten Sonntag habe es besser ausgesehen. Die wissen gar nicht, wie viel Arbeit das bedeutet.« Damit wendet er sich wieder seinen Blumen zu. Jetzt sieht man es deutlich: Das Bücken fällt ihm schwer. Übermorgen feiert Walter S. seinen 85. Geburtstag. Und am nächsten Ersten tritt ein neuer, junger Küster den Dienst an. Die Gemeinde will ihren alten Küster im sonntäglichen Hauptgottesdienst verabschieden, sogar der Dekan hat sich angesagt. Schließlich hat Walter S. den Dank redlich verdient. Woran niemand gedacht hat: Es ist die Zeit der großen Ferien; viele Familien sind in Urlaub. Dazu herrscht seit Tagen eine drückende Schwüle. Die 35 Grad haben auch Walter S. gehörig zugesetzt. Aber er beißt die Zähne zusammen, er will doch nicht zu guter Letzt noch …

Am Sonntag prangt die Kirche in einem wunderschönen Blumenschmuck. Der alte Küster ist trotz der hohen Temperaturen im schwarzen Anzug erschienen. Selbstverständlich. Seine Frau sitzt in der ersten Bank und schaut sich öfter einmal um … Etwas verlegen kommt der Pastor in die Sakristei: »Herr S., Sie dürfen es nicht falsch verstehen, der Herr Dekan kann nicht kommen, er soll krank sein … und ich weiß nicht, ob bei dieser Hitze viele Gemeindemitglieder den Gottesdienst besuchen.«

»Der Dekan ist krank … Hm, dann eben nicht! Ich weiß auch, dass die Kirche ziemlich leer ist, Pastor«, sagt leise der alte Küster, »einige Kollegen aus unserem Altenclub und ein paar Frauen, mehr nicht.«

Er schluckt, zieht den Kopf zwischen die Schultern, dann kommen seine Worte noch langsamer: »Eigentlich habe ich das in all den Jahren ja auch nicht für die Leute getan …«

Er blickt auf die Uhr: »Zeit für den Gottesdienst, Herr Pastor!«

Von unseren Ängsten – nur Mut!

Angst wirkt lähmend. Und die Angst vor den Ängsten steigert alles. Verdrängen hilft nicht – besser, sich zu seinen Ängsten bekennen. Sie können auch positiv sein:

Es gibt eine Angst, die aus der Liebe kommt: Sie ängstigt sich nicht nur vor dem, was uns unter Umständen zustoßen könnte, sondern vor allem um die Welt, in der wir leben. Solche Angst macht lebendig, sie treibt uns aus der Ecke, in die wir uns verkriechen möchten, hinaus; sie treibt uns an, uns für eine gute Sache zu engagieren.

*Manchmal genügt der Gedanke: »Ich bin ohne Schmerz«,
und schon kommt die Freude.*
Peter Handke

*Kommt alle zu mir, wenn ihr euch plagen müsst und eure Lasten
zu schwer sind! Ich werde euch Ruhe geben und Gelassenheit.*
Wort des Herrn

Gott, ich glaube, in jeder Not gibst du uns so viel Widerstandskraft, wie wir brauchen. Aber du gibst sie uns nicht im Voraus, damit wir uns nicht auf uns selbst verlassen, sondern ganz allein auf dich. Wenn wir solch festen Glauben haben, können wir alle Angst vor der Zukunft überwinden.
Nach Dietrich Bonhoeffer

Von Kindheit an

Herr, in meinen Nöten flüchte ich zu dir;
enttäusche mich nicht, ich vertraue dir.
Mein Gott, du bist meine Hoffnung,
auf dich habe ich mich verlassen von Jugend auf,
vom Mutterschoß an hast du mich beschützt.

Nun bin ich alt geworden: Lass mich nicht fallen,
wenn meine Kräfte schwinden – bleib bei mir, Herr!
Seit meiner Kindheit habe ich auf deine Worte gehört.
Lass mich nicht im Stich, mein Gott,
jetzt, wo ich alt bin und grau.
Meinen Kindern und Enkeln will ich von dir erzählen,
wie groß und mächtig du bist, wie gerecht du urteilst,
wie gut du für uns sorgst.

Ich habe Unglück und Leid erleben müssen,
du aber hast mich herausgerissen aus meinen Nöten.
Du hast mich immer wieder getröstet
und mir Kraft gegeben zu neuem Anfang.
Darum will ich dir danken, mein Gott,
mit meinen Liedern will ich dich loben und preisen
und von deiner Treue erzählen mein Leben lang.
Voll Freude will ich dich loben. Mein Gott!

Nach Psalm 71

Erfahrung ist alles!

Mitten in der Woche ein freier Tag! Pfeifend setzt sich Udo auf sein Fahrrad, Helm auf, dann radelt er los, tritt fest in die Pedale. In zwei Stunden trifft er sich mit seinem Freund in der Nachbarstadt, 35 km entfernt. Für einen Siebzehnjährigen kein Problem!

Udo trampelt die Landstraße entlang. Das Wetter spielt mit: ein herrlicher Frühlingstag. Mit dem Freund gemeinsam will er … »Mensch! Der Karren da, aus der Kurve heraus … direkt auf mich …« Mit aufgerissenen Augen starrt Udo nach vorn. Gedanken zerbröckeln … Krachen, Splittern. Der entgegenrasende PKW ist nach links geraten, schleudert den Radfahrer die Böschung hinunter, kommt schließlich zum Stehen. Der Fahrer ist unverletzt; mit wankenden Knien geht er zum Unfallort zurück. Als er den Schwerverletzten sieht, wird er bleich: Udo ist ein junger Kollege aus seiner früheren Firma. Rettungswagen – Krankenhaus – Operation. Später erfährt auch der Freund in der Nachbarstadt von dem Unfall: Udo liegt auf der Intensivstation. Nach Feststellung der Polizei ist der 66-jährige Heino G. zu schnell in die Kurve gefahren. Am nächsten Morgen ist der Unfall Tagesgespräch in der Firma: »Herr G. ist als Leiter der Fahrbereitschaft auch selbst vorsichtig gefahren! Oder hat er seine Fahrweise geändert, als er in Rente ging?« »Der Alte hat doch immer das Gaspedal durchgedrückt. ›Ich bin schneller als andere, sagte er, aber ohne Unfall‹. Erfahrung ist alles!« »Jetzt hat er ausgerechnet den Udo …

Gut, dass der noch lebt!« »Der Alte hat Udo und die Lehrlinge nie leiden können. Auch wenn sie im Recht waren – es ist ihm nie eingefallen, sich zu entschuldigen. Er war der Ansicht: Junge Leute muss man hart rannehmen!«

Heino G. ist von dem Unfall tief betroffen. ›Warum muss das ausgerechnet mir passieren? Ich habe noch nie einen Unfall …‹ Jetzt muss er sich sagen: Ich bin schuld! Das anzuerkennen fällt ihm sehr schwer. Nächtelang grübelt er, findet keinen Schlaf. Einen Bekannten, der im Krankenhaus arbeitet, bittet er, sich nach Udo zu erkundigen und ihm telefonisch Bescheid zu geben. Jeden Tag. Schließlich ist es der Angestellte leid: »Ruf selbst den Udo an oder besser: Geh hin und besuch ihn! Du bist doch schuld an dem Unfall!« Heino wird bleich: »Dann muss ich mich ja entschuldigen …« Kopfschüttelnd hängt der Bekannte den Hörer ein: alter Dickkopf! Zwei Tage später geht ein älterer Mann langsam die Treppe zum Krankenhaus hinauf und fragt an der Pforte nach dem Patienten Udo …

Kostbare Erinnerungen

Wer auf die Berge steigt,
muss seine ganze Kraft aufbieten
und große Mühen in Kauf nehmen,
um das Ziel – den Gipfel – zu erreichen,
mit dem Ausblick in die Ferne,
mit dem Blick zurück auf den Weg.

Wer Jahrzehnte seines Lebens hinter sich gebracht hat,
schaut zurück und erinnert sich:
Mancher Berg hat sich dunkel vor mir aufgetürmt.
Ich habe meine Kräfte verausgabt, zuweilen vergebens:
Manche Wunden gehen tief.

Wer zurückschaut, wird sich auch an die Freude,
den Jubel erinnern, wenn ein Berg bezwungen war!
Es war beschwerlich. Aber ich war nicht allein.
Gute Freunde haben mich begleitet.
Meine Frau (mein Mann) hat mich gestützt
und mir neue Kraft gegeben.

Das kann ich nicht vergessen

Den Beginn des Krieges 1939 erlebte ich als Kind mit meiner Mutter auf dem Wochenmarkt: Lautsprecher, aufpeitschende Lieder ... Später haben wir viele Luftangriffe mitgemacht. Eines Morgens wurde ich zum Gemüseladen geschickt: Es gab Weißkohl, und ich sollte mich anstellen. »Nimm das Fahrrad, das geht schneller!« Schon von weitem sah ich die lange Schlange der Wartenden vor dem Geschäft. Als ich an der Reihe war, gab es Voralarm: nicht schlimm! Kaum war ich mit Fahrrad und Weißkohl unterwegs – auf- und abschwellender Heulton: Vollalarm. Zugleich hörte ich, immer lauter, das Brummen der Bomber: Vom Fahrrad runter, ganz dicht habe ich mich an die hohe Bordsteinkante gepresst. Zum ersten Mal in meinem Leben überfielen mich in diesem Augenblick massive Ängste ... Eine Bombe fiel auf die Kreuzung. Splitter pfiffen über mich hinweg. Noch enger an die Kante! Dann Stille. Schließlich Entwarnung. Mir war nichts passiert, dem Fahrrad auch nicht, nur der Weißkohl war zerfleddert. Zu Hause schloss mich meine Mutter in die Arme: »Gott sei Dank!« Ich habe tief aufgeatmet und ihr anschließend den Kappes überreicht: »Ist schon ein bisschen geschnitten!«

Nachmittags schellte der Jungscharführer: »Morgen ist ›Antreten‹. Du musst da sein!« – »Morgen ist sicher wieder Alarm.«

Meine Brüder und ich trugen beim ›Antreten‹ Uniform. Die Eltern sahen uns entschieden lieber im Gottesdienst als in der Naziuniform. Noch in den ersten Kriegsjahren mussten wir singend durch die Straßen marschieren: »Es zittern die morschen Knochen« – das hat mir gestunken. Und wenn heute alte und junge Neonazis wieder (immer noch) die alten Lieder grölen, dann packt mich die Wut.

Wir wohnten im Vorort einer Großstadt.

Nach einem nächtlichen Bombenangriff auf die Innenstadt sind Mutter und ich einmal am nächsten Tag mit den Fahrrädern in ein Nachbardorf gefahren, wo wir gelegentlich Kartoffeln bekamen, ohne Lebensmittelkarten! Diesmal erhielten wir noch sechs Eier dazu. Auf dem Rückweg, nicht mehr weit von unserer Wohnung, heulten die Sirenen: Vollalarm! Wir hörten keine Flugzeuge, also trotz Verbot schneller radeln, ab nach Hause.

STOP! Ein Polizist in Zivil hielt uns an, ein Streifenführer mit seinem Schäferhund. Voller Angst versuchte ich zu flüchten, trat wild in die Pedale. Doch der Polizist hetzte den Hund los; der riss mich vom Fahrrad. Geifernd stand er über mir. Meine Mutter fauchte den Polizisten an: »Sofort den Hund zurück, sonst ...«

Sonst? – Sie hätte gar nichts machen können. Aber der Wachmann war beeindruckt und pfiff den Schäferhund zurück. Auch dann noch überschüttete meine Mutter den Polizisten mit Vorwürfen. Der zog ab, wir waren bald zu Hause. Die Kartoffeln hatten alles gut überstanden, nur die Eier – so etwas Wertvolles ...! Dass der Hund zwei davon aufgeschleckt hat, das hat mich damals am meisten geärgert.

*Weil wir von Hoffnung leben,
hoffen wir für diese Welt,
hoffen wir für Hoffnungslose
und verändern die Welt.*
ECKART BÜCKEN

Früher war es …

*Die Leute sagen immer, die Zeiten werden schlimmer.
Ich aber sage: Nein! Anders seh ich's eher ein:
Die Zeiten sind wie immer, die Leute werden schlimmer.*
HAUSINSCHRIFT

1900 bis 1999 – eine lange Zeit! Wir wollen dankbar sein für die guten Jahre, die wir erleben durften. Doch wer in der ersten Hälfte des vergangenen Jahrhunderts gelebt hat, hat wohl kaum »goldene Zeiten« kennengelernt: Zwei Weltkriege, Vertreibung, Wiederaufbau, auch persönliche Katastrophen haben ihn geprägt. Ist das alles vorbei und vergessen, wenn man älter wird? Hat man das Leben dann hinter sich? Entscheidende Lebensabschnitte und Erlebnisse sollte man gelegentlich, immer wieder vor sich bringen. Vielleicht gibt es einen tieferen Sinn zu entdecken. Vielleicht warten Jüngere darauf, dass wir ihnen davon erzählen.

*»Was wollen wir noch wissen?«
fragt die Schriftstellerin Marie Luise Kaschnitz;
und sie gibt ihre Antwort:
Nur ob Friede sein wird
Gerechtigkeit
Eines Tages
Hier.*

Gemeinsam in ein neues Leben

Sicher erinnern Sie sich noch an die Zeit nach dem Krieg: an die Hungerjahre (das geht uns heute leicht über die Lippen, doch wer wusste damals, was es am nächsten Tag zu essen gab?) – an den schlimmen Winter 1946/47, wie froh wir waren, wenn wir heimlich im Wald einen Baum gefällt und vor allem, wenn es uns gelungen war, das Heizmaterial heil nach Hause zu bringen: Überlebenstraining.

Und doch haben auch damals Menschen den Mut aufgebracht, zu heiraten – vielleicht gehören Sie zu denen, die mit viel Energie und Geduld Ihr gemeinsames Leben aufgebaut haben, trotz aller Schwierigkeiten, trotz mancher Schicksalsschläge, die Sie in den Jahren Ihrer Ehe hinnehmen mussten: Die Liebe hat Ihnen Kraft gegeben.

Ein bisschen mehr Friede und weniger Streit,
ein bisschen mehr Güte und weniger Neid,
ein bisschen mehr Wahrheit immerdar
und viel mehr Hilfe bei Gefahr.

Ein bisschen mehr Kraft, nicht so zimperlich,
ein bisschen mehr »Wir« und weniger »Ich«;
und viel mehr Schenken und Geben,
denn jeder braucht Freude im Leben.

NACH KARL JUNG

Gode Nacht

Över de stillen Straten
geit klar de Klokkenslag:
God Nacht! Din Hart will slapen,
un morgen is ok en Dag.

Din Kind liggt in de Weegen,
un ik bün ok bi di;
din Sorgen un din Leven
is allens um un bi.

Noch eenmal lat uns spräken:
Goden Abend, gode Nacht!
De Maand schient op de Däken.
Uns' Herrgott hölt de Wacht.

THEODOR STORM

Erinnerst du dich?

Nach unserer Heirat haben wir erst auf ein Kind warten müssen. Sechs Jahre später hatten wir drei. Drei liebe Kinder, gewiss, aber ich habe damals meinen Beruf aufgegeben. Weißt du das noch? Es wurde als selbstverständlich hingenommen – eine Mutter bleibt zu Hause!

Du warst mit deinem Beruf verheiratet. Ich habe dich manchmal beneidet. Warum hat die Erziehung von Kindern nicht so viel Wert wie der Bau eines Hauses, wie die Arbeit an einem Kunstwerk? Damals hätte ich dich das gerne gefragt, doch du warst selten daheim, und dann war jeder von uns mit seinen eigenen Gedanken beschäftigt. Erst spät, langsam haben wir gelernt, offen miteinander über vieles (über alles?) zu sprechen, den anderen herauszufordern zu mehr Verständnis, zu mehr Fairness im Umgang miteinander. Manchmal fällt es uns heute noch schwer, nach so vielen Jahren! Mittlerweile sind unsere Kinder erwachsen, haben ihr Elternhaus verlassen, wir haben sie los-gelassen, sie stehen auf eigenen Füßen. Du und ich, wir sind jetzt allein wie zu Beginn unserer Ehe. Und ich – bin und bleibe deine Frau.

Mit meinen Augen seh' ich in deinen
zwei kleine Sonnen. Und du lächelst.

RICHARD DEHMEL

Wir feiern unsere Hochzeitstage

Bei der *grünen* Hochzeit gehen die Gedanken in die Zukunft: Wie viele Jahre liegen vor uns? Gedenktage der Hochzeit können einen neuen Anstoß geben für das gemeinsame Leben. Die Bezeichnungen weisen oft auf die Geschenke hin …

1 Jahr Baumwollene Hochzeit: Man braucht Praktisches.

5 Jahre Hölzerne Hochzeit: In Krisen fair streiten!

6 1/2 Jahre Zinnerne Hochzeit: Bindungen wieder aufpolieren!

7 Jahre Kupferne Hochzeit: Patina setzt an: Nicht schlecht!

8 Jahre Blecherne Hochzeit: Der Alltag ist wichtig.

10 Jahre Rosenhochzeit: Gut, wenn die Liebe weiter blüht!

12 1/2 Jahre Petersilienhochzeit: Gewürze sollen die Ehe beleben: Das Ehepaar wird von Freunden bewirtet.

15 Jahre Gläserne oder Veilchenhochzeit: Klare Beziehung!

20 Jahre Porzellanhochzeit: Liebe ist fest und empfindsam.

25 Jahre Silberhochzeit: »Ich bin dein und du bist mein!«

30 Jahre Perlenhochzeit: Unsere Jahre: wie 30 edle Perlen.

35 Jahre Leinenhochzeit: Unsere Liebe: haltbare Bindung.

40 Jahre Rubinhochzeit: Wie gut, dass wir uns lieben!

45 Jahre Eine lange Zeit: Gedenktag im Freundeskreis.

50 Jahre Goldene Hochzeit: Dank für alle Liebe und Treue!

60 Jahre Diamantene Hochzeit: Wir gehören fest zusammen.

65 Jahre Eiserne Hochzeit: Stark und fest unsere Liebe.

70 Jahre Gnadenhochzeit: Danket dem Herrn, unserem Gott!

75 Jahre Kronjuwelenhochzeit: Er bleibt bei uns, immerdar.

Rubin-Hochzeit

Ein treffender Name für vierzig Jahre der Verbundenheit in Liebe, denn der Rubin hat die Farbe der Liebe – er ist wunderschön tiefrot. Unter den Edelsteinen gilt er als einer der kostbarsten und wertvollsten.

Den edlen rubinroten Stein kann man hierzulande nicht finden, er kommt aus fernöstlichen Ländern. Rubinwerte Ehen aber findet man überall, wo Menschen ihre Liebe ein Leben lang wach und lebendig gehalten haben, trotz aller Klippen und Stolpersteine, die sie auf ihrem Weg überwinden mussten.

Vier Jahrzehnte in Liebe – eine lange Zeit heute!
Kostbar wie ein Rubin.

RUDOLF RÜBERG

Wenn die Maler kommen

EINE LIEBESGESCHICHTE

In Klausers Wohnung werden Möbel gerückt, Teppiche aufgerollt, Tapeziertisch und Farbeimer machen jedem klar – hier sind die Maler am Werk: Enkel Philipp mit Freundin Jutta, neunzehn Lenze jung, verpassen der Wohnung von Oma und Opa Klauser einen neuen Anstrich. Das ist ihr Geschenk zur Rubinhochzeit. Es ist nicht die erste Wohnung, die sie anstreichen, und auch die herrschende Hitze macht ihnen nicht viel aus. Nach vier Tagen strahlen (und riechen) drei Zimmer in neuem Glanz. Küche und Flur folgen. Doch am Samstag sind Klausers bei Bekannten eingeladen: »Das dauert bei denen immer bis in die Nacht …«, deuten sie vorsichtig an. »Oma! Kommt nach Hause, wann ihr wollt! Wir schaffen das. Egal wann, die Küche muss heute …« Philipp schickt einen schelmischen Blick zu seiner Oma: »Keine Sorge, wir sind brav. Außerdem kennen wir uns schon seit …, seit 25 Monaten, nicht wahr, Jutta?« Die gibt ihrem Freund mit dem Pinsel eins auf die Nase: »Wenn du weiter so viel redest, werden wir gar nicht fertig!« Opa Klauser grient: »Wo die Getränke stehen, wisst ihr. Greift zu!«

Auf der Fahrt zu den Bekannten kreisen die Gedanken der Großeltern um ihre Familie; über ihren Enkel sind sie sich einig: »Unsere Tochter hat ja früh geheiratet … Na ja, der Philipp ist ihnen gelungen!« Zufrieden schaut Oma sich um. Hinten im halbleeren Bus sitzt ein junges Paar – fröhlich, ungezwungen küssen und streicheln sie sich. Die Großmutter mit leuchtenden Augen: »Hm, der Junge ist gut!«

Sie lächelt ihrem Mann zu: »Und du? Könntest du das auch so?« Opa vergnügt: »Hm, wenn ich die junge Frau näher kennen würde ...« Zack, spürt er Omas Arm in seiner Seite: »Angeber!« Tanz und Trubel bei den Bekannten. Es wird wirklich spät. Mitten in der Nacht kommen Klausers heim. In der Wohnung ist alles still. »Die Küche ist tatsächlich fertig!« staunt Opa.

»Psst!« Oma winkt ihn zum Wohnzimmer: Enkel Philipp und Freundin Jutta schlafen aneinandergeschmiegt auf einer Matratze. Juttas kurzer Kittel ist hinaufgeschoben, Philipps Hand liegt angenehm und weich auf, etwas südlich ihrer Schulter. Der Großvater mit leuchtenden Augen: »Gut, wie die beiden ›Löffelkes liegen‹!« Seine Frau schaut ihren Mann forschend an: »Jutta ist schön ...?« »Ja, sie ist sehr schön!« Nach einer Pause: »Weißt du noch, damals, als du mich auf meiner Bude besucht hast und wir beide auf dem schmalen Bett eingeschlafen sind ...« »Natürlich weiß ich das – kurz vor unserer Hochzeit!« »Du, das war auch schön«, freut sich der Großvater. Leise ziehen sie sich zurück. Tags drauf ist die Wohnung fertig, Oma zaubert ein leckeres Abendessen für die fleißigen Handwerker. Beim Abschied ist der Opa voll des Lobes: »Wirklich gut gemacht, Spitze!«

»Für euch haben wir das gern getan«, lacht Jutta und drückt ihm einen lieben Kuss auf die Wange. »Opa, du wirst etwas rot«, stellt Philipp sachlich fest. »Das ist nur die Hitze«, wehrt Opa ab.

Abends im Bett nimmt der Großvater seine Frau liebkosend in den Arm. Die Frau kuschelt sich.

Die Jahre gehen dahin

Als wir uns kennenlernten, als die Zeichen der Verbundenheit zwischen uns intensiver wurden, da hast du eine Saite in mir zum Klingen gebracht – nein, du hast meinen Leib, mein Herz und meine Gefühle in Schwingungen versetzt, in einen Tanz voller Feuer, Glut und Licht – das werde ich nie vergessen. Du warst nicht meine erste, aber meine große Liebe – du wirst auch meine letzte sein.

Einmal hast du etwas von meinem dünnen haar
auf die andere seite meines gesichts gelegt
und langsam gesagt
nein besser so
Dorothee Sölle

Außer dieser Frau
ist keine so gewachsen mit mir
durch die Jahre des Sommers
und verschiedene Eiszeiten.
Peter Maiwald

Bund fürs Leben

Dass zwei sich herzlich lieben,
gibt erst der Welt den Sinn,
macht sie erst rund und richtig
bis an die Sterne hin.

Dass zwei sich herzlich lieben,
ist nötiger als Brot,
ist nötiger als Leben
und spottet aller Not.

Dass zwei sich herzlich lieben,
ist aller Welt Beginn,
macht sie erst rund und richtig
bis an die Sterne hin.

HERMANN CLAUDIUS

Du führst mich hinaus ins Weite

Ich will dich preisen, Herr,
du machst mich stark.
Herr, du mein Fels, du meine feste Burg!
Bei dir finde ich Schutz.
Bei dir bin ich geborgen, in sicherer Hand.

Als ich verzweifelt war, habe ich dich um Hilfe gebeten.
Mein Gott! Du hast meinen Aufschrei gehört,
mich gerettet aus meinen Nöten.
Du führst mich hinaus ins Weite,
du machst meine Finsternis hell.

Dein Licht strahlt auf in meinem Leben.
Mit dir überwinde ich meine Grenzen,
mit dir springe ich über Mauern;
denn du schaffst weiten Raum für meine Schritte,
ohne Straucheln gehe ich meinen Weg.

Ich lobe und preise dich, Herr.
Du hast mich frei gemacht,
du nimmst mich in Schutz.
Darum will ich dir danken aus ganzem Herzen. Mein Gott!

NACH PSALM 18

Erinnerung ...

Behutsam nahm er ihr Gesicht in beide Hände,
schaute in ihre Augen,
ließ die rechte Hand über ihr schwarzes Haar gleiten,
legte es um seine Finger und führte sie an seinen Mund.
Aufatmend suchte er den Blick der jungen Frau,
formte die Lippen zu einem leisen Pfiff (den mochte sie gern),
umschlang sie mit seinem Arm und drückte sie an sich. Fest.

Heute

nimmt sie vorsichtig den Arm des alten Mannes
und hilft ihm auf von der Bank. Beim ersten Schritt
merkt sie, es geht nicht; ihr Mann braucht noch Zeit.
So setzen sie sich wieder auf die Parkbank, eng aneinander.
Sie spürt seine Unruhe, den schweren Atem.
Langsam legt sie ihre Hand auf seinen Arm,
hält ihn einen Augenblick fest,
dann bedeckt sie seine Hände
mit ihrer schmalen Hand.

*Wo keine Wärme ist
keine Nähe von Mensch zu Mensch
bist du die Nähe und Wärme
Herz der herzlosen Welt*

Erich Fried

Unser Hochzeitstag

Morgen ist unser Hochzeitstag.
    Das weiß ich, mein Schatz, die Blumen sind bestellt.
Die hast du in all den Jahren nur einmal vergessen.
    Morgen bekommst du aber keine Rosen: 45 sind zuviel.
Ach du! – Ob die Kinder daran denken?
    Weiß nicht. Der 45. ist kein so wichtiger Hochzeitstag.
Für mich ist er wichtig.
    Und warum?
Du bist nicht ganz gesund; und ich … Wer weiß, ob wir …
    Bis zum 50. schaffen wir es noch. Stell dir vor: GOLD!
Unwichtig.
    Was ist die Hauptsache?
Dass du da bist.

Glück, Versöhnlichkeit. Behutsamkeit.
Wenn zwei Leute, die verheiratet sind, mit den Jahren lernen,
aus dem, was sie zusammengebracht hat, etwas so
Behutsames, Verwandtschaftliches zu machen:
eine große Sache, gnädiges Glück.
GABRIELE WOHMANN

*Wer im Schutz des Höchsten wohnt,
wer ruht im Schatten des Allmächtigen,
der spricht zum Herrn: Du bist meine Zuflucht,
meine Burg, bei dir bin ich sicher.
Du mein Gott, ich vertraue dir.*

Nach Psalm 91

Ein Gedicht für die Großeltern

»Müssen wir unbedingt ein Gedicht schreiben?« fragt der junge Mann. »Da wird alles verschönt, idealisiert. Die Wirklichkeit ist anders.«

»Stimmt das, mein Lieber?« fragt die junge Frau. »Schau mich an! Ich bin deine Wirklichkeit. Denk an das, was du mir ins Ohr säuselst, wenn du mich berührst! Das ist auch ziemlich ›verschönt‹!« Darauf kann man nichts erwidern, da kann man nur eins …

Nach einer Weile kauen die beiden wieder am Kugelschreiber …

»Gestern habe ich deine Oma und den Opa beim Spaziergang beobachtet, wie sie laufen, rechts links, links rechts …«

»Wie Kaiserpinguine«, lacht die junge Frau. »Bei ihnen wird die feste Bindung durch das synchrone Laufen hervorgerufen, rechts links …«

»Von Tieren können wir kein Gedicht machen – oder vielleicht doch! Frauen, sagt man in Afrika, sind wie die Hinterbeine der Elefanten!«

»Das hättest du gern!« Sie wird energisch. »Die Frau trägt die Last, und der Herr der Schöpfung bestimmt die Richtung? Männer!«

Und so entsteht ein Gedicht – für ältere und jüngere Ehepaare.

Früher war alles ganz anders

»Liebe Frau, in langen Jahren
sind wir gemeinsam gut gefahren.«
So sprach er, der Herr im Haus.
Doch sie, sie lacht ihn schlichtweg aus:
»Du kannst weise Sprüche klopfen,
ich muss derweil die Socken stopfen,
waschen, bügeln, jeden Tag;
glaubst du, dass ich das gerne mag?«

»Liebe Frau, ich rate dir:
Lass dich nicht mehr drangsalieren,
du musst – rationalisieren!«

Sie staunt – und reagiert: »Mein Mann,
jetzt und heute bist du dran!«
(Küsst ihn innig auf den Mund,
dass seine Seele wird gesund –),
drückt ihm den Schrubber in die Hand:
»Bitte keinen Widerstand!
Schau dich um, hier ist viel Dreck;
komm ich wieder – ist der weg!
Ich werde in das Städtchen laufen
und mir ein Paar Schuhe kaufen.«
Sprach's und macht mit Schwung, im Nu,
hinter sich die Türe zu.

Ein Brief aus der Kur

Meine liebe Doris!

Ich hoffe, dass dieser Brief, meine Blumen und ein ganz lieber Kuss pünktlich zu unserem Hochzeitstag bei Dir eintreffen. Bisher waren unsere halbrunden und runden Hochzeitstage immer etwas Besonderes. Jetzt, an unserem 45., ist meine Kur dazwischengekommen. In diesen Tagen ist mir manches durch den Kopf gegangen: 45 Jahre – so lange »hast Du mich, deinen Alten, am Hals«: Du hast einen Mann geheiratet, der noch von der alten Rollenteilung in der Familie geprägt war: Für den Haushalt ist die Frau zuständig! An mir hast Du keine große Hilfe, nur beim Frühstück, Abtrocknen, Spülmaschine ausräumen und gelegentlich beim Staub saugen.

Heute will ich Dir für unseren Haushalt eine Rechnung aufmachen: Doris, Du bist in all den Jahren Erzieherin, Köchin, Raumpflegerin, Aufwartefrau, Wäscherin, Büglerin und Einkäuferin in einem gewesen. – Danke!

Laut einer Statistik hast Du pro Jahr knapp 20 Zentner Lebensmittel, die Du vorher nach Hause geschleppt hast, schmackhaft, lecker zubereitet; als Raumpflegerin mehr als 22000 qm Fußböden, Fensterscheiben oder Ähnliches gereinigt; mehrere tausend Töpfe, Gläser abgewaschen; 1030 kg Wäsche gewaschen und gebügelt und so weiter ... Vom Zeitaufwand gar nicht zu reden (das wäre sicher eine 48-Stunden-Woche)! Vor allem bist Du mir eine liebe, liebe Frau. – Danke!

Dein Willi

Hände mit Herz?

EIN ZWIEGESPRÄCH

Er: Ella, eben habe ich im Radio ein indisches Sprichwort gehört: ›Es ist traurig, wenn die Hände kein Herz haben.‹ Wie findest du das?

Sie: Wenn man so darüber nachdenkt ... stell dir nur mal Hände vor, die ohne Herz handeln, also herzlose Hände – dabei kann nichts Gutes herauskommen. Man muss ja nicht gleich an brutale Schläge oder Folterungen denken – es gibt viele andere schlimme Dinge, die herzlose Menschen mit ihren Händen tun.

Er: Du hast Recht. Aber andersherum ist auch etwas daran: Bei jemandem in guten Händen sein, gut aufgehoben sein – ohne Herz geht das nicht. Solche Hände haben ein Herz!

Sie: Vielleicht gibt es so etwas wie eine Sprache der Hände; Gesten und Taten sagen manchmal mehr über uns als der Mund.

Er: Genau! Du, da fällt mir ein, dass überall in der Welt die rechte Hand bevorzugt wird und die linke als unterlegen gilt. Bei einem Tolpatsch heißt es immer: Der hat zwei linke Hände. Seltsam, dass die Hände überall so unterschiedliche Rollen spielen!

Sie: Wie die Menschen selbst! Die Männer sind doch immer noch die rechten Hände und die Frauen die linken. In den meisten Ehen ist das nicht anders, da sind die Rollen klar verteilt: die Männer für Beruf und Karriere, also bevorzugt, die Frauen vielleicht auch im Beruf, aber auf jeden Fall für den Haushalt und die Kinder. Manchmal könnten sie wirklich vier Hände gebrauchen – verstehst du, wen ich meine!? Da hat sich noch nicht viel geändert.

Er: Meinst du, dass es bei uns auch so ist? Das sehe ich nicht so!

Sie: Denk doch mal nach! Wir haben es früher gar nicht anders kennengelernt.

Anfangs war das bei uns ganz ähnlich. Nicht, dass du dich nicht um die Kinder gekümmert hättest, du warst ein prima Vater. Aber der Beruf spielte eine große Rolle bei dir. Dass ich den Haushalt führte, hieß doch nur, dass ich die ganze Arbeit selbst machen musste, außer Reparaturen oder ... Oft hätte ich nicht nur dein Herz, sondern auch deine Hände verflixt gut brauchen können, nicht zum Händchenhalten oder Streicheln – einfach, damit du im Haushalt mehr mitmachst.

Er: Ja, früher! Ein Beruf stellt seine Anforderungen, und die waren nicht zu knapp. Aber heute ist das hier ja wohl anders als vor fünfundvierzig Jahren; seit unseren Anfängen hat sich bei uns doch ziemlich viel geändert, da kannst du mir nichts vorreden!

Sie: Will ich gar nicht. Du hast wirklich eine Menge gelernt, auch wenn es gedauert hat. Bei mir ja auch. Natürlich hast du Recht, inzwischen teilen wir uns die Arbeit viel besser als früher, keiner ist mehr nur die rechte oder linke Hand. Nur hätten wir damit schon viel früher anfangen sollen! Aber lass gut sein, ich beklage mich ja nicht, es war trotz allem schön mit uns. Und jetzt auf unsere alten Tage ist es erst recht schön – jedenfalls finde ich das!

Er: Gott sei Dank! (*Er denkt ein bisschen nach und meint:*) Also wenn man es so sieht wie du, dann könnte man das indische Sprichwort sogar umdrehen und sagen: ›Es ist auch traurig, wenn das Herz keine Hände hat!‹

Sie: Ach, du bist schon ein verrückter Typ, du! Gar nicht mal so dumm gedacht!

RUDOLF RÜBERG

Auf einer Gebetswand

Zu Beginn einer Tagung von jungen und älteren Ehepaaren wurde in der Kapelle eine Gebetswand aufgestellt, auf der jeder seine Anliegen formulieren konnte. Beim Abschlussgottesdienst wurden die Texte vorgelesen:

Wir sind jetzt so viele Jahre zusammen — lass uns weiter gut miteinander leben!

Wenn du wirklich Mutter und Vater für uns sein willst, Gott, dann zeig uns das!

Meine Koliken treten immer öfter auf. Herr, lass es ein bisschen besser werden!

Ich habe Angst.

Beschütze unsere ganze Familie, den Mann und die Kinder!

Hilf mir und meinem Mann, bitte!

Kannst du nicht dafür sorgen, dass in unserer Welt endlich Frieden wird?

Gott, ich mag dich!

Schenk mir und meiner Frau einen neuen Anfang. Wir wissen nicht weiter.

Vor 50 Jahren haben wir zueinander JA gesagt.
Wir haben die Ringe gewechselt als Zeichen des Bundes,
den wir vor Gott und der Gemeinde geschlossen haben.
Treu wie Gold, aufrichtig: So soll unsere Beziehung sein.
Voll Freude dürfen wir heute Goldhochzeit feiern.

Gott hat dich mir anvertraut.
Als meinen Ehepartner
will ich dich achten und lieben.
Ich will mit dir zusammenleben
nach Gottes Gebot
und mit seiner Hilfe,
in guten und in bösen Tagen,
bis zum Tod.

So nehme ich dich an
und verspreche dir die Treue.

Du und Ich — WIR

Danket dem Herrn, denn er ist freundlich,
zeitlebens meint er es gut mit uns.

Wir danken dir, du unser
GOTT.
Du gibst uns das
LEBEN.
Du sorgst für uns und schenkst den
ÜBERFLUSS.
Du krönst unsere Jahre mit deinem
SEGEN.
Du tröstest uns und nimmst uns in
SCHUTZ.

Danket dem Herrn, denn er ist freundlich,
zeitlebens meint er es gut mit uns.

NACH PSALM 65

Du weißt, was Liebe ist?

*In unserer Gesellschaft bin ich irgendeiner, namenlos.
Bei dir bin ich wer: Du kennst mich.*

*Lib ist ein Wort aus dem Mittelhochdeutschen
und bedeutet dreierlei: Liebe, Leib und Leben.*

*Ich sage dir noch einmal, meine Liebe:
ICH bin DU — DU bist ICH
Die Liebe*

ERNESTO CARDENAL

*Wie du mir nötig bist? Wie Trank und Speise
dem Hungernden, dem Frierenden das Kleid –
So lieb ich dich.*

MARIE LUISE KASCHNITZ

*Seid ehrlich zueinander! Macht euch gegenseitig nichts vor: Eure Liebe muss
wachsen. Lasst nicht nach, euch umeinander zu bemühen, immer wieder neu!
Betet füreinander und für alle, die Leid tragen! Helft ihnen in ihren Nöten!*

NACH DEM BRIEF DES APOSTELS PAULUS AN DIE GEMEINDE IN ROM

Liebe ist stark wie der Tod

Liebe ist stark wie der Tod,
gewaltig ihre Leidenschaft, glühendes Feuer.
Auch mächtige Wasser
können die Glut der Liebe nicht löschen,
keine Sturmflut schwemmt sie hinweg.

Leg mich wie ein Siegel,
wie einen Schmuck an dein Herz!
Mit deinen Armen halt mich fest umschlungen.
Ich beschwöre euch: Haltet still,
stört unsere Liebe nicht!
Liebe ist stark wie der Tod.

NACH DEM HOHEN LIED, KAPITEL 8

In einem Boot

Aus einer Trauungsansprache 1947

Liebes Brautpaar!

Heute werden manche sagen: »Jetzt haben die beiden in den Hafen der Ehe gefunden. Nach großen Schwierigkeiten und vielen Mühen haben sie es endlich geschafft.« Heißt das: Ihr könnt jetzt ruhen und ausspannen? Nein! Ihr wollt nicht im Hafen bleiben. Lieber hinaus aufs Wasser – Aufbruch zur gemeinsamen Fahrt, ein Leben lang.

Was kommen wird, liegt im Dunkeln. Auf dem Wasser, im Leben, warten Überraschungen. Man sieht nur ein Stück voraus, nicht die ganze Strecke. Ein russisches Sprichwort sagt: Wenn du ein Schiff besteigst, bete einmal; vor einem Sturm zweimal; wenn du heiratest, bete dreimal! Sicher: In dieser Zeit nach dem Krieg zu heiraten, ist ein Wagnis. Es wird nicht alles glatt gehen. Doch das ist nur die eine Seite. Zugleich ist es spannend, ein Abenteuer, die Fahrt zu zweit.

Weil ihr das spürt, die *beiden* Seiten, darum habt ihr für eure gemeinsame Fahrt das Bibelwort vom Sturm auf dem Meer gewählt. Behaltet es gut, schreibt es in euer Herz hinein: Wir sind nicht allein. Jesus ist mit im Boot. Wartet nicht, bis die Wellen der Not in euer Boot schlagen. Lasst ihn die Richtung und das Ziel mit angeben!

Dann habt ihr eine gute Fahrt, nicht nur heute. Ihr könnt euch darauf verlassen: Er bleibt mit im Boot, auch noch in zwanzig und in fünfzig Jahren, in eurem ganzen Leben.

NACH EINER ANSPRACHE VON PFARRER H.

»All mein Gedanken …«

Bei einer Busfahrt kommt die junge Vikarin mit einem alten Ehepaar ins Gespräch; die beiden stammen aus ihrer Gemeinde. »Ich habe gehört, Sie feiern bald goldene Hochzeit …« »In zwei Monaten, Frau Vikarin.« Der Ehemann freut sich.

»Ich bin erst ein knappes Jahr in der Gemeinde tätig, aber Sie beide sind mir gelegentlich aufgefallen, wenn Sie einkaufen, wie Sie Ihrer Frau helfen beim Treppensteigen …« »Ja, wenn es viele Stufen sind, habe ich Schwierigkeiten.« »Das verstehe ich«, fährt die Vikarin fort. »Und außerdem – wenn man fünf Jahrzehnte zusammenlebt wie Sie, muss man sich doch sehr einig sein, damit alles gut geht. Wenn ich mit jungen Paaren spreche vor ihrer Hochzeit, muss ich oft an Sie beide denken. Dann frage ich mich, wie deren Verhältnis in fünf oder zehn Jahren sein wird …«

»Ach, sind wir doch ehrlich: In all den Jahren haben wir uns auch oft genug gestrit-ten, dass die Fetzen flogen.« Die Vikarin zuckt die Schultern: »So etwas kann vorkommen. Aber – fünfzig Jahre einander treu zu sein, das stellt ziemliche Anforderungen, an beide. Wie schafft man das? Ist das Verdienst – oder Gnade? Entschuldigen Sie, wenn ich so direkt frage, hier ist sicher nicht der rechte Ort für solche Gespräche, ich muss auch gleich aussteigen.« »Dann besuchen Sie uns bald einmal, Sie sind willkommen.«

Als sie ausgestiegen ist, schauen sich beide an – jeder erinnert sich an bestimmte Begegnungen in den fünf Jahrzehnten ihrer Ehe. Der Mann denkt dreißig Jahre zurück: »Als ich sie damals sah, die andere Frau, dachte ich: Sie ist mein Typ. Nicht nur von der Figur her, ihre ungezwungene Fröhlichkeit hatte es mir angetan. Wir wurden miteinander bekannt, sind uns öfter begegnet. Da habe ich mich sehr in sie verliebt. Nein, es ist nichts ›passiert‹, doch es gab

häufig lange Telefongespräche.
›All mein Gedanken, die ich hab – ?‹
Heute bin ich meiner Frau dankbar dafür, dass und wie sie mir geholfen hat, langsam darüber hinwegzukommen.«
In der Erinnerung der Frau taucht das Bild eines anderen Mannes auf:
»Er faszinierte mich. Er ›hat mein Herz berührt‹, wie Heinrich Böll es einmal formuliert hat. Er war so ganz anders als mein Mann. Das gefiel mir gut. Aber es war nur eine kurze Episode, vor langer Zeit.

Und jetzt feiern wir unsere goldene Hochzeit, wir beide, mein Mann und ich.«

All mein Gedanken,
die ich hab, die sind bei dir!
Du auserwählter einz'ger Trost,
bleib stets bei mir.
Du, du, du sollst an mich gedenken!
Hätt ich aller Wünsch' Gewalt,
von dir wollt ich nicht wenken.
NACH EINEM ALTEN VOLKSLIED, 1560

Das größte Geschenk zur goldenen Hochzeit

»Ob das klappt, Sandra?« Frederik schielt etwas ängstlich zu seiner großen Schwester hinüber. Die hoch aufgeschossene Zwölfjährige wiegelt ab: »Lass mich nur reden! Onkel Edi ist mein Patenonkel.« Damit drückt sie den Klingelknopf.

»Was wollt ihr denn?«, staunt der Onkel.

»Wo drückt der Schuh?« Eifrig legt Frederik los: »Onkel Edi, wir haben einen riesen-, riesengroßen Eisbären gesehen, und der Opa und die Oma ...« Sandra stoppt ihn: »Frederik, lass mich, bitte! Edi, wir wollen Oma und Opa zur goldenen Hochzeit einen Eisbären, einen Plüschteddy, schenken. Lach nicht, du weißt doch, Oma nennt ihren Willi ab und zu ›mein großer Bär‹, und Opa ist ja auch früher einmal auf einem Schiff durchs Eismeer gefahren, davon erzählt er heute noch voller Begeisterung. Wenn er ganz gesund wäre, würde er dreimal jährlich Urlaub am Nordkap machen; und weil das nicht geht, Onkel

Edi, deshalb schenken wir ihm einen Eisbären. Opa wird Augen machen! Und Oma freut sich bestimmt auch.« Der Onkel hat nicht nur leicht grinsend der langen Rede zugehört, er hat sofort geschaltet: »Und da dieser riesen-, riesengroße Eisbär ziemlich teuer ist, wollt ihr mich anpumpen.« Sandra klimpert mit ihren Augendeckeln und setzt sämtliche Verführungskünste einer Zwölfjährigen ein:

»Genau! Du bist doch mein liebster Patenonkel – sag mal, hast du eigentlich schon ein Geschenk für unser Goldpaar?«

Hat er nicht! Also ist Onkel Edi einverstanden, sogar als er erfährt, dass der Eisbär mit einer Matrosenmütze geschmückt ist und die Tatzen in einem wunderschönen Pink ›glänzen‹. Edi spricht auch mit seiner Schwester: Die Mutter der beiden hält das Ganze für eine verrückte Idee von Sandra und lässt sich nur mit Mühe umstimmen. Doch dann ist alles klar: Am Morgen des

Festtages sollen Sandra und Frederik ihr Supergeschenk abholen.

Festlich gekleidet erscheinen Sandra und Frederik im Fachgeschäft. »Der ist ja süß«, schwärmt Sandra und küsst den Bären herzhaft auf die Schnauze. »Du bist der größte, schönste Eisbär, den es gibt!«

Als die beiden samt Bär in den Bus steigen, verstummen die Gespräche, alle Blicke wandern zu dem riesen-, riesengroßen Eisbären mitten im Bus. Ein Knirps steht mit aufgerissenen Augen vor Sandra, die ihren Geliebten festhält – man kann nie wissen – und sich ganz langsam umdreht, damit wirklich alle, alle ihren Schatz bewundern können. Der Knirps tippt dem Bären auf den Bauch: »Der brummt nicht! Aber Mama, guck! Der ist ganz weiß, nur die Füße sind ... Eisteddy, Teddyeis, Pinkteddy!« Andere Kinder streicheln dem Bären lieb über den Kopf, ein Mädchen drückt seine Nase tief ins weiche, weiße Teddyfell. Die Leute im Bus schmunzeln und lachen, sogar der Fahrer riskiert einen Blick.

Frederik strahlt und verkündet laut: »Das ist ein riesen-, riesengroßer Eisbär, den schenken wir unserer Oma und dem Opa!« Hinten im Bus beobachten drei junge Leute genau, zu genau das Geschehen, sagen nichts, sehen sich nur an, nicken mit dem Kopf ... Jetzt hat Frederik den Eisbären auf dem Schoß, Sandra steht hinter ihm: »Gib ihn mir, beim nächsten Halt müssen wir aussteigen!« Dort geht alles blitzschnell. Die jungen Leute springen raus. Als Sandra und Frederik mit ihrem Schatz ausgestiegen sind und der Bus abfährt, schleichen sich die drei von hinten ran, ein Schubs

– Sandra stolpert, schneller Griff nach dem Eisbären, sie will ihn noch halten, einer tritt Sandra vor das Schienbein, Aufschrei, Frederik wird zu Boden gestoßen – und schon sind die drei mit ihrer Beute in einer Nebenstraße verschwunden. Passanten eilen herbei und helfen den beiden auf. Tränenüberströmt lehnen sie an einer Hauswand. »Unser Eisbär ... Wir wollten ihn doch Oma und Opa zur goldenen Hochzeit schenken, und jetzt ..., jetzt ist er weg!«

Die Polizei wird gerufen, die Eltern werden verständigt, Mama kommt mit Onkel Edi; Sandra und Frederik fliegen in ihre Arme: »Mein Gott! Wie ihr ausseht! Ist euch wirklich nichts passiert?« »Doch, Mama«, schluchzt Sandra, »jetzt haben wir nichts, gar nichts für Oma und Opa!« Die Mutter kann sie kaum trösten. Onkel Edi ist wütend: »Wenn ich die erwische ... !«

Schließlich gehen sie alle zum Fest. Die Großeltern wissen schon Bescheid, und als die beiden weinend auf sie zukommen und Frederik losheult: »Opa, Opa, der Eisbär war riesen-, riesengroß, genau richtig für dich, du bist doch Omas Bär« – da fließen auch bei Oma die Tränen.

Doch dann nimmt sie die zwei in den Arm und flüstert ihnen ins Ohr: »Sehr, sehr schade – aber Sandra, Frederik, dass ihr euch soviel Mühe gegeben habt und uns so etwas Wunderschönes schenken wolltet, das werden Opa und ich nicht vergessen. Das ist für uns das größte Geschenk! Bestimmt!« Oma wischt sich und ihrer Enkelin mit dem Spitzentaschentuch die Tränen aus den Augen. Opa hält Frederik fest in seinem Arm, streichelt ihm liebevoll über den Kopf:

»Danke – ihr zwei seid einfach Spitze!«

Der Funke des Lebens
ist nicht Nützlichkeit. Nicht Luxus.
Er ist Bewegung. Farbe. Liebe.
MARK HELPRIN

Schöne Geschichten – kleine Weisheiten

Nach dem Gottesdienst feiern die Goldhochzeiter gemeinsam mit ihren Söhnen und Töchtern, Enkeln und Urenkeln. Das Jubelpaar strahlt über die vielen Glückwünsche, und ganz spontan nehmen sie sich in den Arm zu einem länger andauernden Kuss. Zwei Enkel, vier und sechs Jahre alt, schauen gespannt zu: »Lang, nich? Die lieben sich wohl.« »Hm, ganz gut! Und dann machen die vielleicht noch was anderes!« »Was denn noch?« »Das kann ich dir nicht sagen, da musst du erst so alt sein wie ich!«

Auf Wunsch der Enkel und Großeltern feiert man in einer Familie ein doppeltes Fest: grüne und goldene Hochzeit. Beim Brautwalzer des jungen Paares kommt der Bräutigam ins Rutschen; dabei löst sich an seinem rechten Schuh die Sohle. Gelächter bei den einen – andere sind besorgt: »Kein gutes Omen!«

Der Goldbräutigam schmunzelt: »Die meisten Ehen, die geschieden werden, sind aus Langeweile zusammengesetzt. Ehen, in denen es öfter knallt, halten länger – nicht wahr, mein Schatz?«
Seine Frau lacht ihn an: »Goldrichtig! Es geht nichts über ein sprühendes Feuerwerk!«

Als Kinder sind wir im Winter gern auf einem Teich am Rand unserer Stadt Schlittschuh gelaufen. Am liebsten zu zweit. Da fasst man sich an den Händen und läuft los. Das macht mehr Spaß als alleine. Meist ist dann einer vorgelaufen und hat den anderen mitgezogen – mal der eine, mal der andere, wie man gerade bei Puste war. Und wenn einer ins Stolpern kam, dann hat ihn der andere gehalten. Wichtig ist nur, dass man sich immer fest an den Händen hält.

NACHERZÄHLT VON RUDOLF RÜBERG

Wort – Schätze

Ein blonder Engel ...
  ... hat manchmal den Teufel im Leib.

»Ich bin nie ein Engel gewesen.«
  Hol dich der ...

»Rettende Engel sind überall vonnöten.«
  Gibt man dem Teufel den kleinen Finger, so ...

»Du bist ein Engel, dass du mir das Spülen abnimmst!«
  Da komme ich in Teufels Küche.

»Mein Erzengel!«

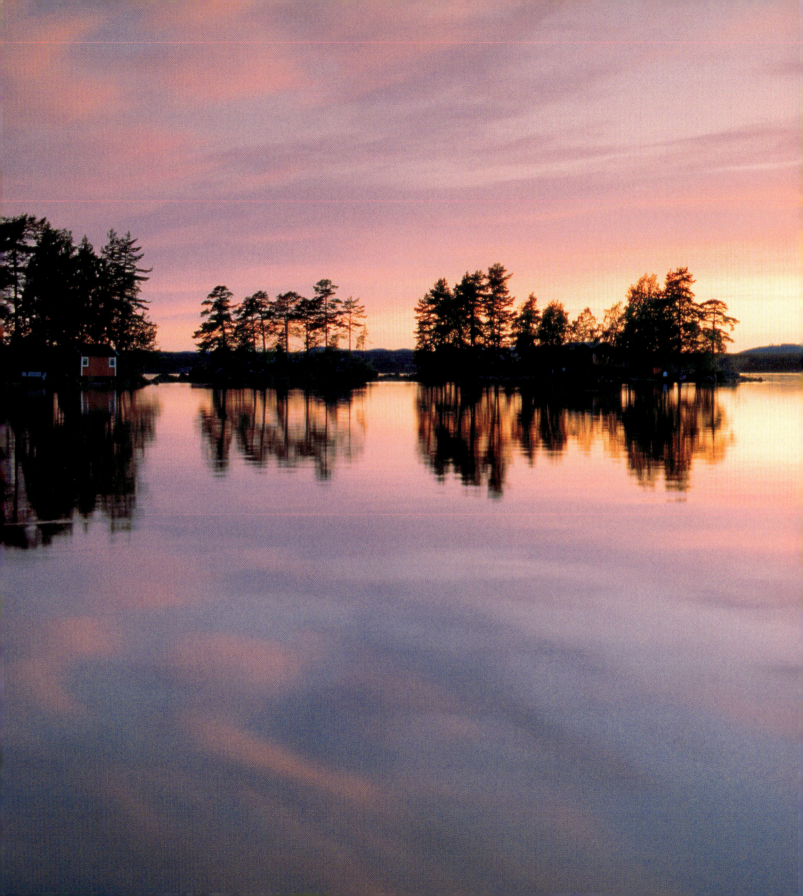

Segen

Der allmächtige Gott,
unsere Mutter und unser Vater,
Er segne und behüte euch
(und eure Kinder, Enkelkinder und Urenkel)!
Er schenke euch Freude.

Unser Herr Jesus Christus
bleibe bei euch.
Er gebe euch Kraft für alle Tage eures Lebens.

Heiliger Geist
wohne in euch allen.
Er erneuere in euren Herzen seine Liebe.

Der Herr lasse sein Angesicht leuchten
über euch und sei euch gnädig.
Der Herr erhebe sein Angesicht auf euch
und gebe euch Frieden.

Amen.

Gemeinsam in die nächsten Jahre

Wir haben gemeinsam gefeiert, die Feste unserer Liebe.
Nun sind wir wieder allein, auf uns selbst angewiesen.
Wie gut, wenn sich einer auf den anderen verlassen kann:
Du und ich, wir beide gehören zusammen.

Es ist so schön zwischen uns, und so soll es bleiben.

Freu dich doch! Du hast Grund, fröhlich zu sein.
Fragst du warum? Ganz einfach: Du lebst.
Und wer liebt, lebt nicht allein.

Auch das ist Kunst, ist Gottes Gabe,
Aus ein paar sonnenhellen Tagen
Sich soviel Licht ins Herz zu tragen,
Dass, wenn der Sommer längst verweht,
Das Leuchten immer noch besteht.

JOHANN WOLFGANG VON GOETHE

Eins plus eins gleich eins

… Ich schreibe mangelnder Zuständigkeit halber über meine eigene Frau, bei der es sich um einen Menschen handelt, den ich, ohne mit Diogenes-Laterne bei Sonnenschein umhergehen zu müssen, gefunden habe, und mit dem oder der ich in achtzehn Jahren so verschmolzen bin, dass dieses Verhältnis weit über andere Verhältnisse auf anderen Grundlagen hinausgeht. Sobald den einen, mich eigentlich, die Lebenskraft verlässt, als wäre man schwer verwundet, … dann vollzieht sich eine Art Vitalitäts-Transfusion. … Der Mensch, von dem die Rede geht, besitzt eine spezifische Eigenart: heiteres Gemüt (im Gegensatz zu mir), das zu einem Lachen befähigt, das mich am Leben hält. …
Uns bindet das gemeinsam Schweigenkönnen und Nichtredenmüssen, um einander zu verstehen. Uns binden gemeinsame Vorstellungen … So umschlingt uns ein Rankenwerk aus gemeinsamen Erinnerungen, aus gleichen Erfahrungen.
Günter Kunert

Schön, mit dir gemeinsam zu leben –
Gut! Wir sind uns in vielen Dingen einig.
Eigentlich gut, dass wir beide immer noch verschieden sind.
Wie gut, dass wir Freunde haben, die uns zur Seite stehen!

Nichts ist selbstverständlich, je älter ich werde.
Ein Lachen zu zweit, Gesundheit, der Schlaf, die Entdeckung
einer unzerstörten Landschaft, ein gemeinsam verbrachter Tag – ich nehme
das nicht, als stünde es mir zu. Ich nehme das alles ganz persönlich.
CHRISTOPH MECKEL

Hört zu!
Spruch des Herrn: Ich habe euch getragen vom Mutterschoß an.
Ich werde euch weiter tragen, auch wenn ihr alt werdet und grau.
Ich werde euch schleppen und retten.
JESAJA, KAP. 46

Nach dem Kirchgang, erzählt die Großmutter, auf dem Weg nach Hause mit meinem Mann und der Enkelin, blieb diese bemerkenswert still. Schließlich nahm die Sechsjährige uns beide an die Hand: »Oma, der Opa ist schon etwas grau, und du hast ganz weiße Haare. Du musst nicht traurig sein, das ist nicht so schlimm: Der Gott wird euch schon weiter schleppen!
Weißt du, Oma, ich kann das nicht! Aber wenn du wieder Geburtstag hast, komme ich zu dir, und dann kannst du mir alle deine Geschichten erzählen, auch die, die du schon ein paarmal erzählt hast.
Ich hör' dir zu.«

Im Schutz des Höchsten

Wer im Schutz des Höchsten wohnt,
wer ruht im Schatten des Allmächtigen,
der spricht zum Herrn: Du bist meine Zuflucht,
meine Burg, bei dir bin ich sicher.
Du mein Gott, ich vertraue dir.

Der Herr wird dich retten vor allem Verderben.
Er breitet seine Flügel aus,
mit seinen Schwingen bedeckt er dich,
bei ihm bist du geborgen – Tag und Nacht.
Er ist treu, er nimmt dich in Schutz.

Du brauchst keine Angst zu haben:
Er hat seinen Engeln befohlen,
dich zu behüten auf all deinen Wegen,
auf ihren Händen sollen sie dich tragen,
dass du nicht stolperst und fällst.

So spricht der Herr, dein Gott:
Weil er treu zu mir steht, will ich ihn retten.
In seinen Nöten stehe ich ihm zur Seite.
Mit langem Leben mache ich ihn satt.
Und dann wird er schauen mein Heil.

NACH PSALM 91

Inhalt

4	Einzig die Liebe zählt
7	Neue Chancen
8	Spieglein, Spieglein an der Wand
10	Zweihundertundneunzehntausend Stunden ZUR SILBERHOCHZEIT
13	Von den kleinen Freuden
14	Der Abschied
17	Von unseren Ängsten – nur Mut!
18	Von Kindheit an NACH PSALM 71
20	Erfahrung ist alles!
23	Kostbare Erinnerungen
24	Das kann ich nicht vergessen
26	Früher war es …
27	Gemeinsam in ein neues Leben
28	Gode Nacht THEODOR STORM
29	Erinnerst du dich?
30	Wir feiern unsere Hochzeitstage
31	Rubin-Hochzeit RUDOLF RÜBERG
32	Wenn die Maler kommen EINE LIEBESGESCHICHTE
34	Die Jahre gehen dahin / Bund fürs Leben HERMANN CLAUDIUS
37	Du führst mich hinaus ins Weite NACH PSALM 18
38	Erinnerung …
41	Unser Hochzeitstag
44	Ein Gedicht für die Großeltern / Früher war alles ganz anders
46	Ein Brief aus der Kur
48	Hände mit Herz? Ein Zwiegespräch RUDOLF RÜBERG
50	Auf einer Gebetswand
52	DU und ICH – WIR (Zur Goldhochzeit) / Danket dem Herrn NACH PSALM 65
54	Du weißt, was Liebe ist?
56	In einem Boot AUS EINER TRAUUNGSANSPRACHE 1947
58	All mein Gedanken
60	Das größte Geschenk zur goldenen Hochzeit
64	Schöne Geschichten – kleine Weisheiten
67	Segen
68	Gemeinsam in die nächsten Jahre
70	Eins plus eins gleich eins GÜNTER KUNERT
72	Im Schutz des Höchsten NACH PSALM 91

Der Autor:

Günter Riediger, geboren 1931 in Düsseldorf.
Verheiratet, drei erwachsene Kinder.
Berufsschullehrer für Religion und Deutsch (1958 – 1994) in Essen.
Autor von Bild-Text-Bänden sowie zahlreicher Kinder- und
Jugendbücher, wohnt in Bottrop.

Bildnachweis:

4-5, 47: Ulrike Schneiders; **6:** Karl-Heinz Raach; **11:** CC-Vision; **12, 20, 21, 22, 40, 57:** Heinz Ney; **28, 32, 59, 61, 63:** f1online; **36:** Ulrich Schaffer; **49, 66-67:** Max Galli; **73:** Werner Richner; alle übrigen: Bildarchiv CDC, Freiburg

Quellennachweis:

25: Eckart Bücken, Weil wir von Hoffnung leben. Mit freundlicher Genehmigung des Autors; **34:** Dorothee Sölle, Einmal hast du etwas von meinem dünnen Haar, aus: Dorothee Sölle, »Verrückt nach Licht«, Wolfgang Fietkau, Berlin 1984; **70:** Günter Kunert, Eins plus eins gleich eins, aus: Günter Kunert, Tagträume in Berlin und andernorts. © 1972 Carl Hanser Verlag München Wien; Texte von Rudolf Rüberg, © beim Autor

Trotz intensiver Bemühungen war es dem Verlag leider nicht in allen Fällen möglich, den jeweiligen Rechtsinhaber ausfindig zu machen: Für Hinweise sind wir dankbar. Rechtsansprüche bleiben gewahrt.

© Agentur des Rauhen Hauses Hamburg GmbH 2007
Konzeption und Realisation: Carpe Diem Concept GmbH, Freiburg im Breisgau
Produktion: art und weise, Freiburg im Breisgau
Druck und Verarbeitung: PROOST NV, Turnhout, Belgien
Printed in Belgium
ISBN 978-3-7600-1715-0